BEI GRIN MACHT SICH IHR
WISSEN BEZAHLT

AF168057

- Wir veröffentlichen Ihre Hausarbeit,
  Bachelor- und Masterarbeit

- Ihr eigenes eBook und Buch -
  weltweit in allen wichtigen Shops

- Verdienen Sie an jedem Verkauf

Jetzt bei www.GRIN.com hochladen
und kostenlos publizieren

Sportanlagenmanagement. Kommunale Planung, Finanzierung und Vermarktung

Lukas Hübner

Bibliografische Information der Deutschen Nationalbibliothek:

Die Deutsche Nationalbibliothek verzeichnet diese Publikation in der Deutschen Nationalbibliografie; detaillierte bibliografische Daten sind im Internet über http://dnb.d-nb.de abrufbar.

ISBN: 9783346253576
Dieses Buch ist auch als E-Book erhältlich.

Druck und Bindung: Books on Demand GmbH, Norderstedt Germany
Gedruckt auf säurefreiem Papier aus verantwortungsvollen Quellen

Das vorliegende Werk wurde sorgfältig erarbeitet. Dennoch übernehmen Autoren und Verlag für die Richtigkeit von Angaben, Hinweisen, Links und Ratschlägen sowie eventuelle Druckfehler keine Haftung.

Das Buch bei GRIN: https://www.grin.com/document/927369

Deutsche Hochschule für

Prävention und Gesundheitsmanagement

Hermann Neuberger Sportschule 3

66123 Saarbrücken

Einsendeaufgabe

Fachmodul:	Sportanlagen- und Sportstättenmanagement
Studiengang:	Sportökonomie
Datum Präsenzphase:	23.04.-26.04.2019
Name, Vorname:	Hübner, Lukas
Studienort:	**Hamburg**
Semester:	**Wintersemester 2016**

Inhaltsverzeichnis

1 Sportanlagen- und Sportstättenbau

Beim Errichten von neuen Sportanlagen und Sportstätten sind verschiedenste Phasen zu durchlaufen. Um den zeitlichen Ablauf genau zu planen, gibt es verschiedenste Techniken. Die folgende Abbildung zeigt die Schritte beim Bau einer Sportstätte anhand eines PLANNET-Diagramms.

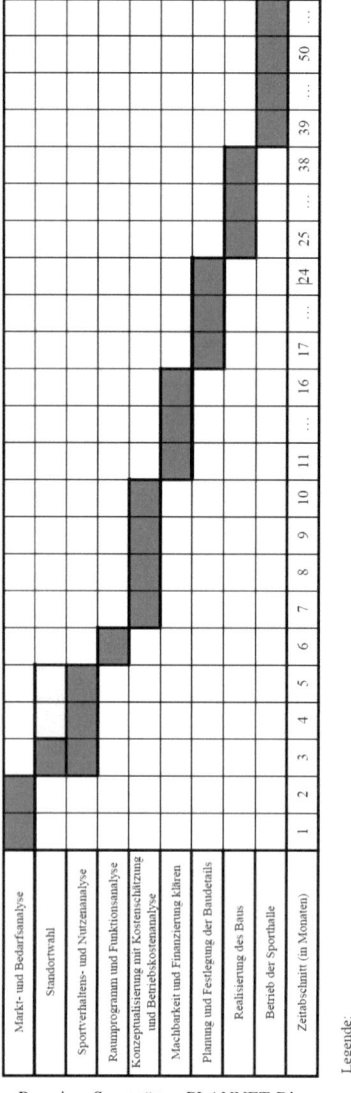

Abb. 1: Schritte beim Bau einer Sportstätte - PLANNET-Diagramm (eigene Darstellung)

Eine weitere Möglichkeit, die Planung, sowie die Steuerung du den Ablauf komplexer Projekte darzustellen ist die Netzplantechnik (Wöhe & Döring, 2005, S. 127). Der Aufbau einer Netzplantechnik umfasst verschiedene Elemente. Ein Kreis stellt das jeweilige Ereignis dar, wobei die einzelnen Pfeile eine Tätigkeit darstellen. Weiter begleitet den Pfeil ein Buchstabe, welcher die Tätigkeit ausdrückt und die Zahl die Tätigkeitsdauer. Zwischen Ereignis drei und vier ist mit einem gestrichelten Pfeil ein Scheinvorgang dargestellt. Begleitet wird dieser Scheinvorgang mit einer Tätigkeitsdauer von null, da dieser Art von Vorgängen keine Zeit zuzuweisen ist. Die untenstehende Abbildung beschreibt die nötigen Schritte beim Errichten einer Sportstätte.

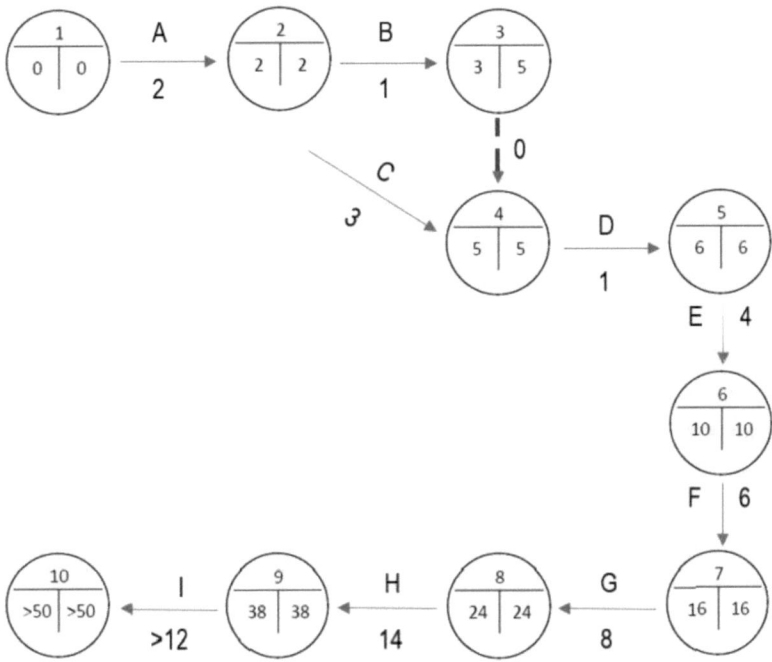

Abb. 2: Schritte beim Bau einer Sportstätte - Netzplantechnik (eigene Darstellung)

Aus der Abbildung wird deutlich, dass der Betrieb der Sportstätte frühestens nach 38 Monaten beginnen kann.

2 Kommunale Sportentwicklungsplanung

Der Deutsche Olympische Sportbund (2019) definiert die Sportentwicklungsplanung als „ein zielgerichtetes methodisches Vorgehen, um örtliche bzw. regionale Rahmenbedingungen für Sport und Sporträume zu gestalten und in einem Gesamtkonzept festzulegen." Dieses zielgerichtete Vorgehen ist ebenfalls auf kommunaler Ebene von großer Bedeutung.

2.1 Grundformel zur Berechnung des Sportstättenbedarfs

Die untenstehende Abbildung beschreibt die allgemeine Formel zur Berechnung des Sporstättenbedarfs.

$$\text{Sportstättenbedarf (in AE)} = \frac{\text{Sportbedarf x Zuordnungsquote}}{\text{Belegungsdichte x Nutzungsdauer x Auslastungsquote}}$$

Abb. 3: Grundformel zur Berechnung des Sportstättenbedarfs (Köhl & Bach, 2000, S. 75)

Um die Bestandteile der Formel näher zu erläutern ist eine Definition des Sportbedarfs von Nöten. Dieser setzt sich aus den Sportlern, welche die Intention zur Nutzung einer Sportanlage haben, der Häufigkeit, welche die Anzahl an Übungen darstellt, sowie der Dauer, wobei diese den durchschnittlichen Zeitaufwand für eine Sportart darstellt, zusammen (Hübner & Wulf, 2015, S. 2). Multipliziert man nun diese Werte, so erhält man den Sportbedarf. Dieser wiederum wird mit der Zuordnungsquote multipliziert. Die Zuordnungsquote gibt Aufschluss darüber, welcher Sport auf welcher Anlage in welchem Umfang stattfindet (Köhl & Bach, 2000, S. 127).

Der Nenner dieser Gleichung besteht einerseits aus der Belegungsdichte, welche aussagt, wie viele Sportler eine Anlage zeitgleich nutzen können, sowie der Nutzungsdauer und der Auslastungsquote. Die Nutzungsdauer beschreibt die durchschnittliche zeitliche Nutzung der Sportanlage pro Woche. Die Auslastungsquote als weiterer Parameter beschreibt das Verhältnis der tatsächlichen zur maximalen Auslastung (Hübner & Wulf, 2015, S. 12f.).

2.2 Berechnung des Sportstättenbedarfs

Nach Hübner, H. & Wulf, O. (2015, S. 2) setzt sich der Sportbedarf wie folgt zusammen:

$$Sportbedarf = Sportler \times Häufigkeit \times Dauer$$

Setzt man nun die gegebenen Werte in die Formel ein, so ergeben sich folgende Zahlen:

$$Sportbedarf = 24000 \times 1,5 \times 1,8$$

Das Ergebnis dieser Rechnung liefert einen Sportbedarf von 64800.

Um nun zusätzlich den Auslastungsfaktor zu berechnen, werden folgende Werte in die oben aufgeführte Grundformel eingesetzt und nach X aufgelöst.

$$\frac{(24000 \times 1,5 \times 1,8) \times 0,5}{25 \times 30 \times X} = 70$$

$$\frac{64800 \times 0,5}{25 \times 30 \times X} = 70$$

$$\frac{32400}{750\,X} = 70$$

$$32400 = 52500\,X$$

$$0,6171 = X$$

Folgt man nun dem Ergebnis der Gleichung, beträgt der Auslastungsfaktor 0,6171.

2.3 Förderinteressenten

„Während die Bundesregierung ausschließlich den Breitensport fördert, besitzen die Bundesländer und Kommunen lediglich Förderinteressen am Spitzensport.". Diese Behauptung wird nun im folgenden Text näher analysiert und auf einen Wahrheitsgehalt geprüft.

Das nationale Prestige zu verbessern ist eine stetige mitklingende Aufgabe der Bundesregierung. Aus diesem Grund hat es sich die Bundesrepublik Deutschland zu Aufgabe gemacht den Spitzensport stark zu fördern (Bundesministerium des Innern, 2019a). Das Gewinnen der Fußball-Weltmeisterschaft im Jahre 2014 sowie der zweite Platz mit 31 Medaillen im Medaillenspiegel der Olympischen Winterspiele 2018 in Pyeongchang haben sehr zum positiven Image deutscher Sportler beigetragen. Rund 235 Millionen Euro will das Innenministerium 2019 in die Spitzensportförderung investieren. Die Steigerung um etwa 42 Millionen Euro im Vergleich zum Vorjahr zeigt ein bestehendes und steigendes Interesse der Bundesregierung an der Förderung des Spitzensports (Reinsch, 2018).

Diese sportlichen Erfolge der Spitzensportler soll auch die übrige Bevölkerung Deutschlands dazu animieren, einem Sport nachzugehen und einen aktiven Lebensstil zu führen. Um den Breitensport weitreichend anzubieten ist auch hier eine Förderung notwendig. Diese Förderung im Breitensport wird laut Bundesministerium des Innern (2019b) als „gesamtstaatliche Aufgabe, die vornehmlich von Kommunen und Ländern wahrgenommen" werden solle.

Abschließend ist somit als Fazit zu sagen, dass die Förderung des Spitzensportes ein Anliegen der Bundesregierung ist. Die Förderung des Breitensportes wird hingegen von Bundesländern und Kommunen getätigt. Die zu Beginn des Kapitels aufgeführte Aussage ist somit inhaltlich falsch.

3 Finanzierung und Betrieb von Sportanlagen

Der Bau und der Betrieb von Sportanlagen und Sportstätten ist oftmals sehr kostenintensiv. Um diese Finanzierung zu gewährleisten muss eine exakte Planung der finanziellen Mittel erfolgen.

3.1 Investition und Finanzierung

Für eine genaue Berechnung zur Investition und Finanzierung sind folgende Daten gegeben:

Die Kosten zur Instandhaltung der Anlage betragen 100.000€ netto. Diese steigen in den nächsten fünf Jahren jährlich um drei Prozent. Weiter fand eine anfängliche Investition in Höhe von 3.000.000€ statt.

Als Einzahlungen sind die gleichbleibenden Einnahmen aus der Nutzung für Schulsport von jährlich 12.000€ zu nennen. Hinzu kommen Einzahlungen aus Spieltagseinnahmen und Einnahmen aus Sponsoring-Verträgen in Höhe von 60.000€ brutto. Dieser Einnahmequelle wird annahmegemäß eine jährliche Steigerung um 15 Prozent zugeschrieben.

Weiter wird eine Laufzeit der Investition von fünf Jahren, sowie eine Kapitalverzinsung von 12 Prozent festgelegt.

Beispielhaft wird nun die Berechnung für den Barwert der Nettoeinzahlungen aus dem zweiten Jahr, sowie für die Nettoauszahlung aus dem dritten Jahr aufgeführt.

$$Barwert\ (Einzahlung\ Jahr\ 2) = 69983,19 \div 1,12^2$$
$$Barwert\ (Auszahlung\ Jahr\ 3) = 106090,00 \div 1,12^3$$

Der untenstehenden Tabelle sind nun die weiteren Barwerte zu entnehmen.

Tab. 1: Bestimmung der Barwerte (eigene Darstellung)

Jahr	Einzahlungen		Auszahlungen	
	Nettoeinzahlung	Barwert	Nettoauszahlung	Barwert
1	62.420,17	55.732,30	100.000,00	89.285,71
2	69.983,19	55.790,17	103.000,00	82110,97
3	78.680,67	56.003,35	106.090,00	75512,77
4	88.682,77	56.359,51	109.272,70	69444,78
5	100.185,19	56.847,77	112.550,88	63864,39
Gesamt	399.952,00	280.733,09	530.883,58	380.218,62

Um den genauen Kapitalwert zu bestimmen muss als erstes die Differenz der Einnahmen und Ausgaben gebildet werden:

-380218,53+280733,09= -99485,35

Anschließend wird diese Summe von der Anfangsinvestition abgezogen:

-99485,35-(-3000000)= -3099485,53

Der exakte Kapitalwert beträgt somit -3099485,53€.

3.2 Auslastungsanalyse einer Sportanlage

Um die vorhandenen Ausgaben zu neutralisieren, ist eine hohe Auslastung von Sportstätten elementar. Die im Folgenden analysierte Sportstätte bietet eine maximale Nutzungskapazität von 83,0 Prozent.

Tab. 2: Auslastungsanalyse einer Sportanlage (eigene Darstellung)

Belegungs-Zeitraum	Belegung			
	Stunden	Sportart	Belegungsdichte	
			Ist	Soll
Montag 17:00-18:30	1,5	Handball	14	12
Dienstag 20:00-21:30	1,5	Keine Belegung	-	15
Mittwoch 19:00-21:30	2,5	Basketball	15	20
Donnerstag 20:00-22:00	2	Fußball	18	15
Freitag 19:00-20:00	1	Badminton	5	15
			Auslastung	
			Ist	Soll
Ist-Nutzungsdauer (Std/Wo)			7	
Soll-Nutzungsdauer (Std/Wo)				8,5
Ist-Sportler insgesamt (Spo)			52	
Soll-Sportler (Spo)				77
Ist-Sportlerstunden insgesamt (Spo x Std/Wo)			99,5	
Soll-Sportlerstunden insgesamt (Spo x Std/Wo)				135,5
Auslastung in Prozent			73,43	

Vergleicht man nun die tatsächliche Auslastung von 73,43 Prozent mit der maximalen Nutzungskapazität von 83,0 Prozent, so ergibt sich eine Kapazitätsreserve von 9,57 Prozent.

3.3 Auslastungsoptimierung

Die prozentuale Auslastung einer Sportstätte ist eine wichtige Kennzahl, wenn ein Vergleich vorgenommen werden soll. Um diese Auslastung weiter zu erhöhen und der Soll-Belegungsdichte möglichst nahe zu kommen, sollten die Sportarten wie folgt getauscht werden:

Tab. 3: Optimierung der Auslastungsanalyse einer Sportanlage (eigene Darstellung)

Belegungs-Zeitraum	Belegung			
	Stunden	Sportart	Belegungsdichte	
			Ist	Soll
Montag 17:00-18:30	1,5	Badminton	5	12
Dienstag 20:00-21:30	1,5	Handball	14	15
Mittwoch 19:00-21:30	2,5	Fußball	18	20
Donnerstag 20:00-22:00	2	Basketball	15	15
Freitag 19:00-20:00	1	Keine Belegung	-	15
			Auslastung	
			Ist	Soll
Ist-Nutzungsdauer (Std/Wo)			7,5	
Soll-Nutzungsdauer (Std/Wo)				8,5
Ist-Sportler insgesamt (Spo)			52	
Soll-Sportler (Spo)				77
Ist-Sportlerstunden insgesamt (Spo x Std/Wo)			103,5	
Soll-Sportlerstunden insgesamt (Spo x Std/Wo)				135,5
Auslastung in Prozent			76,38	

Mittels dieser Änderungen lässt sich eine Erhöhung der Auslastung um 2,95 Prozent erreichen, ohne eine Mehrinvestition zu tätigen. Die Kapazitätsreserve wurde mittels dieser Optimierung auf 6,62 Prozent gesenkt.

3.4 Nachhaltigkeit von Sportstätten

Die Nachhaltigkeit ist längst ein prägender Begriff in der Planung und Errichtung von Sportstätten. Mit der Nutzung von Sportanlagen und -stätten soll heutzutage ein langanhaltendes sozial- und umweltverträgliches wirtschaften einhergehen. Die folgende Abbildung beschreibt eine Unterteilung der Nachhaltigkeit und drei Sphären, definiert nach Hauff & Kleine (2009, S. 17).

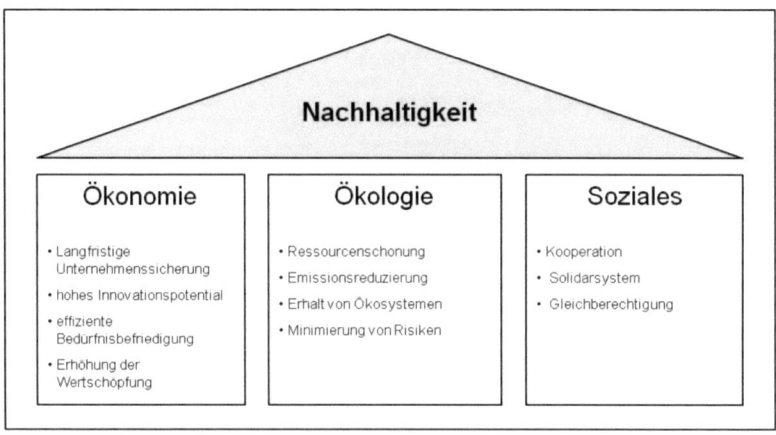

Abb. 4: Drei-Säulen-Modell zur nachhaltigen Nutzung (modifiziert nach Hauff & Kleine, 2009, S. 17)

Diese drei Sphären der Nachhaltigkeit lassen sich auch auf die nachhaltige Nutzung von Sportstätten projizieren. Der ökonomischen Nachhaltigkeit wird eine andauernde Unternehmenssicherung sowie ein verbessertes wirtschaftliches Handeln zugeschrieben (Corsten & Roth, 2012, S. 5). Da der Bau sowie der Betrieb von Sportstätten oftmals sehr kostenintensiv ist, wird dieser Säule eine hohe Bedeutung zugeschrieben (Hauff & Kleine, 2009, S. 20). Der Aspekt der Ökologie zielt auf ein umweltschonendes agieren ab. Natürliche Ressourcen sollen schonend genutzt und das ökologische System soll langfristig geschützt werden (Corsten & Roth, 2012, S. 5). Die dritte und letzte Säule stellt das soziale Handeln dar. Sie beinhaltet den gerechten Zugang zu Grundgütern, welche nach Hauff (1987, S. 21) als Toleranz, der Orientierung am Gemeinwohl und auch dem Streben nach Gerechtigkeit werden.

Betrachtet man nun die Aussage, dass die nachhaltigsten Olympischen Spiele die seien, die gar nicht stattfinden, müssen verschiedene Blickwinkel eingenommen werden. Die Austragung der Olympische Spiele birgt viele Risiken und Chancen. Da dieser sportliche Wettkampf eine Vielzahl von Touristen, Politikern und Spitzensportlern anzieht, ist stets ein gewisses Risiko der allgemeinen Sicherheit vorhanden. Die Angst vor möglichen Terroranschlägen war ein Grund für die Bevölkerung Hamburgs gegen die dortige Austragung im Jahre 2024 zu stimmen. Ebenso die hohen Kosten von rund 11,2 Milliarden Euro, wovon jedoch etwa 7,4 Milliarden durch die öffentliche Hand getragen werden sollten, waren Grunde für das Veto. Diese Gelder wären unter anderem in die Stadtentwicklung geflossen, welche dann in etwa neun Jahren abgeschlossen seien würde, was sonst laut Zeit Online (2015) 20-30 Jahre andauern würde.

Dass die Olympischen Spiele sehr Nachhaltig ausgetragen werden können, bewies London mit den Olympischen Spielen 2012.

Verschiedene Aufsichtsgremien wie das London Organising Committee of the Olympic Games and Paralympic Games, kurz LOCOG, wurden im Zuge der Planung einer Nachhaltigen Olympiade gegründet. Ein Punkt der Nachhaltigkeit war es, dass man versuchte das olympische Gelände in sozial schwächeren Stadtteilen zu verlagern, damit diese dauerhaft von der dortigen Austragung profitieren. Weiter wurden die Sportstätten so erbaut, dass die nach den Olympischen Spielen auch weiter genutzt, verkleinert oder gar abgebaut und verkauft werden. So war es beispielsweise möglich die Kapazität des Olympiastadions, welches nun Austragungsort eines Premier League Clubs ist, auf 40.000 bzw. 25.000 Plätze zurückzubauen. Gleicher Rückbau fand auch im Schwimmstadion von 17.500 auf 2.500 Plätze statt, sodass dieses nachhaltig weiterhin als öffentliches Schwimmbad genutzt werden kann. Ebenfalls ein generelles Wirtschaftswachstum sowie ein angestiegener langanhaltender Tourismus sind Gründe von einer sehr positiven Nachhaltigkeit zu reden (Deutscher Bundestag, 2014).

Zusammenfassend lässt sich also sagen, dass ich der Aussage nicht zustimmen kann. Es sollte bei zukünftigen Olympischen Spielen drauf geachtet werden, dass nötige Maßnahmen und Pläne zur Nachhaltigkeit der Austragungsländer vorgelegt werden können. London gilt als paradehaftes Beispiel, was die Nachhaltigkeit betrifft und belegt auch langfristig, dass ein sehr positiver Effekt was die Wirtschaft, Tourismus, Infrastruktur etc. betrifft stattfinden kann. Die Olympischen Spiele haben bei einem positiven Verlauf des Wettkampf ebenfalls einen großen Einfluss auf das nationale Prestige.

4 Digitale Vermarktung von Sportanlagen und Sportstätten

Folgt man Pousttchi (2017), so bezeichnet die digitale Transformation „erhebliche Veränderungen des Alltagslebens, der Wirtschaft und der Gesellschaft durch die Verwendung digitaler Technologien und Techniken sowie deren Auswirkungen.". Dieser Wandel von analogen Werten zu digitalen Daten geht auch an der Vermarktung von Sportanlagen und Sportstätten nicht vorbei. Um dieser Veränderung zu folgen ist es von Nöten sich Strategien hierfür zu überlegen.

Tab. 4: Möglichkeiten zur Digitalisierung in der vereinseigenen Sportanlage (eigene Darstellung)

Möglichkeit	Mehrwert Betreiber	Mehrwert Fans	Mehrwert Sponsoren
LED-Werbebanden	- Durch im Spielbetrieb regelmäßig wechselnde Bandenwerbung können mehr Werbung gezeigt werden, was zu mehr Sponsoren Führt - vereinfachtes Wechseln der Bandenwerbung	- aktuelle Werbung - aktuelle Sponsoren im Blick - News könnten über Banden in der Halbzeit vermittelt werden.	- durch das Entfallen der Druckkosten können die Kosten zur Werbeschaltung gesenkt werden - „laufende" Banden erregen mehr Aufmerksamkeit bei dem Fans und wird somit von Fans häufiger wahrgenommen
Auftritt in Sozialen Medien	- höhere Identifikation der Fans mit dem Verein wenn man jedes Spiel live mitverfolgen kann - stärkere emotionale Bindung an den Verein - Serviceleistung erweitern	- keine Aufwändige Recherche, wie das Spiel verlief -man kann dem Spielgeschehen sowie dem Verein von überall kostenlos folgen	- kostenloses Schalten von Werbebildern auf Social Media Plattformen - Sehr große Reichweite und somit viele Kontakte zu potenziellen Interessenten der Marke

| Einführen einer vereins- und stadioneigenen Applikation | Mannschaften und Kaderlisten in der App darstellen:
- *Übersicht über Mannschaften für Interessierte*
- *Repräsentation des Vereins*
- *Ansprechpartner in Form von Trainern und Assistenten einfach darstellbar*
-*stärkere Identifikation der Fans mit dem Team*

Live-Ticker in der App:
- *höhere Identifikation der Fans mit dem Verein wenn man jedes Spiel live mitverfolgen kann*
- *stärkere emotionale Bindung an den Verein*

- e-Tickets über die App verkaufen | Mannschaften und Kaderlisten in der App darstellen:
- *genauer Überblick für Fans → „Wer spielt wo?"*
- *Informationen über Trainings- und Spielzeiten für die Fans*

Live-Ticker in der App:
- *keine Aufwändige Recherche, wie das Spiel verlief*
- *man kann dem Spielgeschehen von überall kostenlos folgen*

- Tickets können bequemer gekauft werden | - Durch angegebene Daten wie Alter, Geschlecht, Wohnort, … kann der Sponsor zielgerichteter Werbung schalten.
- vergleichsweise geringe Werbekosten für eine hohe Reichweite durch viele App-Nutzer |
| Kostenloses WLAN | - Vergrößerung der Leistungen
- Besseres integrieren der Vereins- und Stadionapplikation, wenn Inhalte schneller geladen werden können
- Verhalten der eingeloggten Fans analysieren um das Angebot weiter auf die Interessen und das Verhalten der Fans abzustimmen
- Fotos aus dem Stadion können schneller und leichter hochgeladen werden. Beiträge im Internet mit Ortsangabe leichter gemacht | - Bessere Erreichbarkeit übers Internet
- Inhalte, Fotos und Videos können schneller geladen und werden
- Bequemere und schnellere Abwicklung beim Eintritt mit e-Tickets (über App erhältlich) | - Durch die Analyse des Nutzerverhalten kann noch gezielter geworben werden
- Branding der Marke auf der Log-In Seite schafft eine Vielzahl von Kontakten mit Fans |

5 Literaturverzeichnis

Bundesministerium des Innern. (2019a). *Neustrukturierung der Spitzensportförderung.* Zugriff am 10.05.2019. Verfügbar unter https://www.bmi.bund.de/Shared-Docs/faqs/DE/themen/sport/sport-liste.html

Bundesministerium des Innern. (2019b). *Sport.* Zugriff am 10.05.2019. Verfügbar unter https://www.bmi.bund.de/DE/themen/sport/sport-node.html

Corsten, H. & Roth, S. (2012). Nachhaltigkeit als integriertes Konzept. In H. Corsten & S. Roth (Hrsg.), *Nachhaltigkeit – unternehmerisches Handeln in globaler Verantwortung* (S. 1-14). Wiesbanden: Gabler.

Deutscher Budestag. (2014). *Ausarbeitung. Sportliche Großveranstaltungen als Wirtschaftsfaktor. Zur wirtschaftlichen Bedeutung der Olympischen Sommerspiele 2012.* Zugriff am 08.05.2019. Verfügbar unter https://www.bundestag.de/resource/blob/410208/65fa321d2ffcb5278cf493c47da4ab0d/wd-10-051-14-pdf-data.pdf

Deutscher Olympischer Sportbund (2019). *Sportentwicklungsplanung.* Zugriff am 25.04.2019. Verfügbar unter https://www.dosb.de/sportentwicklung/stadt-und-freiraumentwicklung/allianz-pro-sportentwicklungsplanung/

Hauff, M. von & Kleine, A. (2009). *Nachhaltige Entwicklung. Grundlagen und Umsetzung.* München: Oldenbourg.

Hauff, V. (Hrsg.). (1987). *Unsere gemeinsame Zukunft. Der Brundtland-Bericht der Weltkommission für Umwelt und Entwickung.*

Hübner, H., & Wulf, O. (2015). *Sportstättennachfrage und Sportstättenangebot für den Fußballsport in Münster.* Wuppertal: Stadt Münster.

Köhl, W. W. & Bach, L. (2000). *Leitfaden zur Sportstättenentwicklungsplanung. Kommentar.* (1. Aufl.). Schorndorf: Karl Hofmann.

Pousttchi, K. (2017). *Digitale Transformation.* Zugriff am 02.05.2018. Verfügbar unter http://www.enzyklopaedie-der-wirtschaftsinformatik.de/lexikon/technologien-methoden/Informatik--Grundlagen/digitalisierung/digitale-transformation

Reinsch, M. (2018). *Geld für DOSB und Co.: 42 Millionen mehr für den Sport.* Zugriff am 09.05.2019. Verfügbar unter https://www.faz.net/aktuell/sport/sportpolitik/geld-fuer-dosb-und-co-42-millionen-mehr-fuer-den-sport-15881388.html

Wöhe, G. & Döring, U. (2005). *Einführung in die Allgemeine Betriebswirtschaftslehre* (22., neubearbeitete Aufl.). München: Vahlen.

Zeit Online. (2015). *Hamburger sagen Nein zu Olympia.* Zugriff am 07.05.2019. Verfügbar unter https://www.zeit.de/politik/2015-11/olympia-bewerbung-hamburg-referendum

6 Abbildungs- und Tabellenverzeichnis

6.1 Abbildungsverzeichnis

6.2 Tabellenverzeichnis